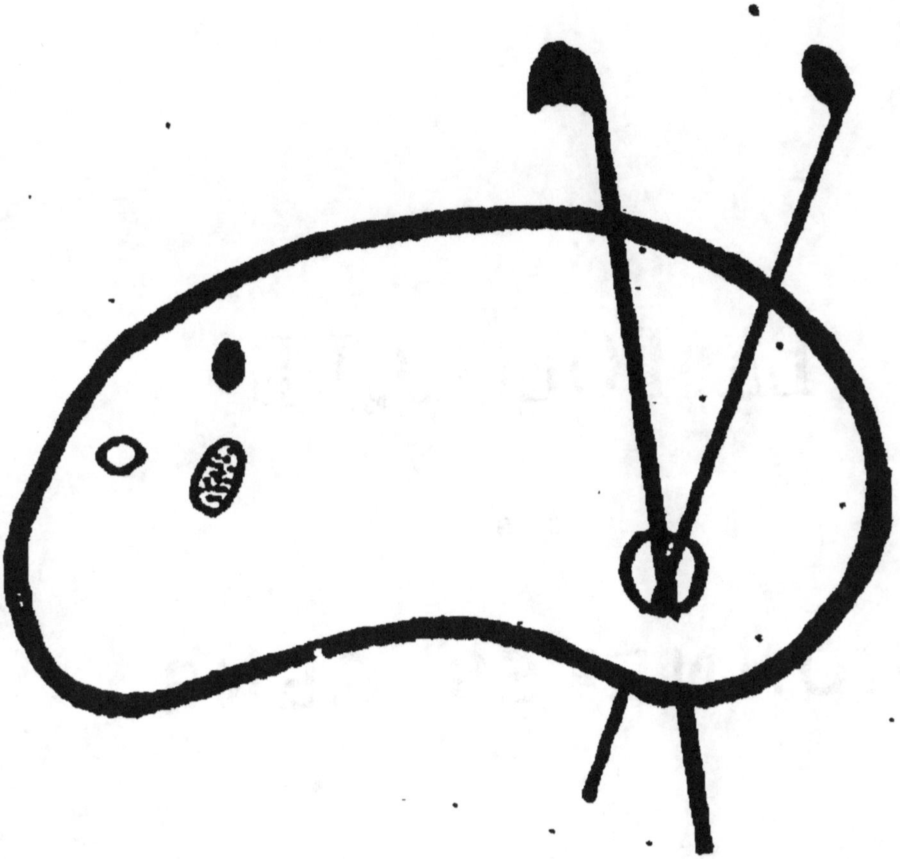

DEBUT D'UNE SERIE DE DOCUMENTS
EN COULEUR

LA POLITIQUE

des

HONNÊTES GENS

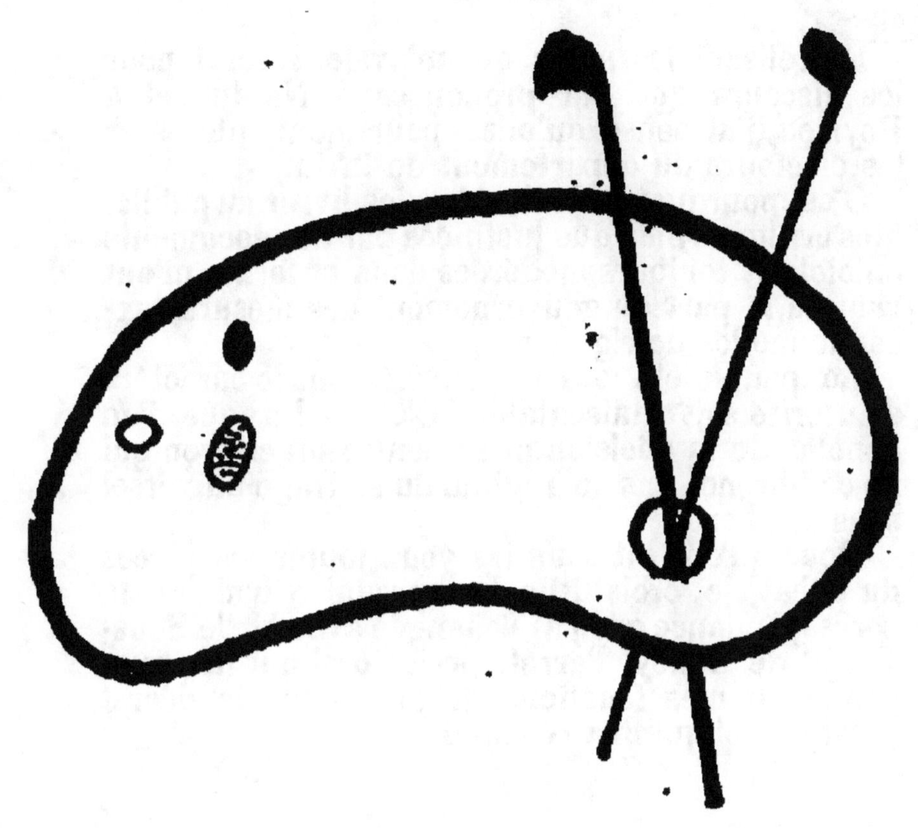

FIN D'UNE SERIE DE DOCUMENTS
EN COULEUR

AUX ÉLECTEURS DU DÉPARTEMENT DE L'AIN

En relisant les notes qui m'avaient servi pour les discours que j'ai prononcés à Nantua et à Peyrieu, j'ai pensé qu'elles pourraient intéresser les électeurs du département de l'Ain.

C'est pourquoi je me décide à les livrer au public. Mes critiques bien que justifiées par des documents officiels et toujours modérées dans la forme m'ont valu de la part du gouvernement des mesures exceptionnelles de rigueur.

Le peuple est le seul pouvoir dont le caractère d'autorité soit indiscutable. C'est à lui que j'en appelle de la décision prise contre un citoyen qui ne comprend pas le régime du suffrage universel sans la liberté.

Pour qu'on ait sous les yeux toutes les pièces du débat, je crois utile de reproduire d'abord la correspondance que j'ai échangée avec M. le Sous-Préfet de Belley, l'arrêté préfectoral qui m'a suspendu de mes fonctions de Maire, et le décret présidentiel qui m'a révoqué.

M. de C.

Belley, le 20 décembre 1888.

MONSIEUR LE MAIRE,

Le *Journal de l'Ain* dans ses numéros du 5 décembre et du 14 décembre a donné le compte-rendu des discours que vous auriez prononcés à Nantua et à Peyrieu.

si vous avez réellement prononcé les paroles que ce journal vous prête et qui ont un caractère injurieux pour le gouvernement dont vous êtes le fonctionnaire.

L'administration préfectorale ayant besoin d'être renseignée à bref délai sur ce point, vous voudrez bien me faire parvenir votre réponse *dans les 48 heures* à partir du jour de la réception de la présente lettre. Passé ce délai, elle se verrait obligée de considérer votre silence comme une affirmation.

Recevez, Monsieur le Maire, l'assurance de ma considération très distinguée.

Le Sous-Préfet,

Signé : BUISSON.

Monsieur le Maire, à Peyrieu.

———

25 décembre 1888.

MONSIEUR LE SOUS-PRÉFET,

Si je ne consultais que l'intérêt de ma candidature probable aux élections de 1889, je m'abstiendrais de répondre à la lettre, fort courtoise d'ailleurs dans sa forme, que vous m'avez adressée le 20 décembre dernier et je vous mettrais par suite dans la nécessité absolue de me frapper. La mesure de rigueur, dont vous me menacez à mots couverts, ne saurait me déconsidérer : et, suspendu ou révoqué, je n'en continuerai pas moins à jouir de l'estime de mes concitoyens. Personne en effet ne doute de mes sentiments libéraux et, jusque chez mes adversaires, on se plaît à reconnaître mon entière bonne foi et le patriotisme qui règle ma conduite. Je pourrais même ajouter que cette con-

Cependant, comme je dois être soucieux de conserver la gestion communale parce que je suis profondément attaché aux intérêts de la population que j'administre, je me permets de vous soumettre quelques observations de nature à rétablir les faits dans leur précision et leur vérité.

Le discours que j'ai prononcé à Nantua n'est pas exactement celui qui a été publié par le *Journal de l'Ain* ; mais je commence par vous déclarer que sauf quelques nuances qui en modifient la portée, le sens général de cet article est conforme à celui de mes paroles. Du reste, le compte-rendu sténographié de cette réunion paraîtra prochainement et vous en jugerez vous-même.

Autant que je puisse m'en souvenir, je comparais le libéralisme au radicalisme et je démontrais combien cette dernière incarnation de la République était fatale au pays. A mon sens, l'étiquette d'un pouvoir n'a pas la valeur qu'on lui attribue ; une république même, et les exemples ne nous manquent pas, peut être un gouvernement libéral, économe des deniers publics, jaloux d'assurer à tous les citoyens la part légitime d'action qui leur revient, tolérant en matière religieuse, respectueux en un mot de tous les droits comme de toutes les libertés. Mais les gouvernants, au nom desquels vous parlez, ont-ils valu à la France des années de calme et de prospérité ? Il est permis d'en douter lorsqu'on voit l'un des fondateurs et anciens ministres de la République, M. Challemel-Lacour, monter à la tribune française pour constater la situation pitoyable dans laquelle nous nous débattons et déclarer que depuis dix ans « on a confondu les théories abstraites avec les principes, inquiété les consciences, accumulé les erreurs et les fautes. »

Ai-je tenu un autre langage à Nantua ?

Le 11 décembre, j'ai réuni dans mon habitation

de Peyrieu 65 électeurs que je considère, pour la plupart, comme des amis politiques et je leur ai dit mes craintes et mes espérances. Le malaise est général, le mécontentement affecte chaque jour des formes plus aiguës et plus inquiétantes; il est à redouter que ce pays n'abdique ses destinées par suite d'un entraînement irréfléchi. J'ai attaqué les abus que personne n'ignore, toutes mes assertions, je suis prêt à les prouver par des documents officiels. L'Élysée a-t-il été, oui ou non, le réceptacle d'une agence interlope? N'avons-nous pas vu défiler au pouvoir des gens de toutes les nations : Polonais ou Badois plus ou moins naturalisés? Le déficit s'accuse-t-il annuellement par une somme de 600 millions? S'est-on livré à des expéditions inutiles et coûteuses? A-t-on conçu un plan de travaux publics et de soi-disant progrès scolaires qui pèsent d'une façon effroyable sur le budget? Les hôpitaux et les écoles ont-ils été laïcisés en dépit des protestations générales ? A-t-on relevé le prestige de la France et noué des alliances qui assurent l'avenir ?..... Vous ne pouvez nier la véracité et l'évidence des faits, suffit-il de les énoncer pour que cette énonciation ait un caractère injurieux ? Notez bien que je me suis toujours placé sur le terrain constitutionnel et qu'on chercherait en vain dans mes discours une phrase qui porte atteinte à une Constitution dont le gouvernement d'ailleurs fait bon marché puisqu'il en demande lui-même la revision. Mais il faudrait en vérité que nous ne soyons pas Français ou que nous nous endormions dans une sorte de fatalisme musulman pour ne pas souhaiter un ordre de choses plus favorable à la grandeur du pays.

L'administration préfectorale, me direz-vous, ne tolère pas qu'un Maire exprime ses griefs de citoyen parce qu'il est *fonctionnaire.*

Je vous ferai remarquer que le Maire est investi d'une charge qu'il doit uniquement à l'élection ; s'il est une émanation du vote populaire, ce doit être aussi le suffrage universel qui seul peut le révoquer ou le suspendre. Nous ne voulons discuter ni l'un ni l'autre quelle a été la pensée du législateur de 1884, cependant il est hors de doute que les mesures de rigueur prévues par la loi ne devraient frapper les Maires qu'à l'occasion de l'exercice de leurs fonctions.

Oh ! je sais parfaitement que, depuis ces dernières années, le Ministre s'est arrogé le droit arbitraire de révoquer les Maires et qu'il en use largement. Cela prouve que nos lois sont incomplètes et qu'on devrait inscrire dans le Code municipal un article ainsi conçu :

« Par le seul fait de l'acceptation de ses fonc-
« tions, le Maire renonce à toute manifestation
« écrite ou parlée qui ne soit l'apologie du Gou-
« vernement, et abdique, à l'exemple des fonc-
« tionnaires de l'Etat, le droit de libre discussion
« qui appartient à tous les autres citoyens. »

Mais, du moment que vous n'avez pas limité par un texte précis ma liberté d'action, vous usez d'arbitraire en me révoquant.

Qu'il soit interdit au Maire de s'occuper de politique dans les réunions municipales, je le veux bien ; mais au dehors n'a-t-il pas la faculté de parler et d'écrire ? Pourquoi les Maires-députés ne sont-ils pas frappés quand ils se posent carrément en adversaires du pouvoir et qu'ils font entendre à la tribune des discours désagréables aux oreilles chatouilleuses d'un ministre ? C'est qu'ils parlent en leur qualité de députés et non en leur qualité de Maires. Par analogie, quand je prenais la parole à Nantua et à Peyrieu, je n'excipais pas de ma qualité de Maire et je ne faisais qu'exercer un droit naturel et primordial qui appartient à tous les citóyens. En 1885, mes allures ne blessaient pas le Gouvernement, il est à croire qu'avec les années ses susceptibilités augmentent !

Permettez-moi de passer à un autre ordre d'idées.

Vous savez aussi bien et mieux que moi, que, par ce temps de délations, les fonctionnaires ont peur de leur ombre et qu'il leur est interdit de conserver des relations amicales avec les gens suspects de modérantisme ou de tiédeur. Vous-même, M. le Sous-Préfet, vous avez tellement saisi les difficultés de votre situation en arrivant à Belley, que vous avez pris le sage parti de ne voir que les fonctionnaires. En cela vous avez agi prudemment, car vous craigniez, avec raison, d'avoir des compromissions préjudiciables à votre carrière. Mais vous ne devez pas admettre que les Maires, élus par le suffrage universel, soient assimilés sous ce rapport aux administrateurs nommés par l'Etat. Vous n'en trouveriez pas, car tous nous sommes jaloux de notre indépendance et nous avons la prétention de la conserver.

Croyez-le bien, Monsieur le Sous-Préfet, la démocratie commence à se lasser des promesses stériles, et ce n'est pas assez d'expulser des princes, de réduire des vicaires à la portion congrue et de révoquer des Maires pour donner satisfaction aux besoins et aux aspirations de la France. La nation réclame de toutes autres réformes ; elle exige la sécurité et la protection du travail, la péréquation des charges pour tous les citoyens, l'ordre et l'économie dans les finances et, surtout, elle revendique la place qu'elle occupait naguère au premier rang des peuples.

Recevez, etc.

MAURICE DE CHANTEAU,
Maire de Peyrieu.

EXTRAIT DES REGISTRES DES ARRÊTÉS DE LA
PRÉFECTURE DU DÉPARTEMENT DE L'AIN.

Nous, Préfet de l'Ain, chevalier de la Légion-d'honneur,

Vu l'article 86 de la loi du 5 avril 1884 ;

Considérant qu'au cours d'un banquet organisé à Nantua le 1er décembre dernier, et d'une réunion tenue le 11 du même mois au chef-lieu de sa commune, M. de Chanteau, maire de Peyrieu, a prononcé des discours rendus publics, contenant de violentes attaques contre le gouvernement de la République ;

ARRÊTONS :

Art. 1er. — M. de Chanteau, maire de Peyrieu, est suspendu de ses fonctions.

Art. 2. — M. le Sous-Préfet de Belley est chargé de l'exécution du présent arrêté qui sera notifié à l'intéressé et dont une ampliation sera remise à l'adjoint de la commune de Peyrieu.

Bourg, le 7 janvier 1889.

Le Préfet de l'Ain,

Signé : GASTON JOLIET.

Pour copie conforme :

Le Sous-Préfet de Belley,

Signé : BUISSON.

RÉPUBLIQUE FRANÇAISE

MINISTÈRE DE L'INTÉRIEUR

DIRECTION DU PERSONNEL ET DU SECRÉTARIAT
2e BUREAU

PRÉFECTURE DE L'AIN

Le Président de la République française, sur la proposition du Président du Conseil, ministre secrétaire d'Etat au Département de l'Intérieur,

Vu l'article 86 de la loi du 5 avril 1884;

DÉCRÈTE :

Article 1er. — M. de Chanteau, maire de la commune de Peyrieu (Ain,, est révoqué.

Article 2. — Le Président du Conseil, ministre de l'intérieur, est chargé de l'exécution du présent décret.

Fait à Paris, le 14 janvier 1889.

Signé : CARNOT.

Par le Président de la République,

Le Président du Conseil, ministre de l'intérieur,

Signé : C. FLOQUET.

Par ampliation,
Le Directeur du personnel et du secrétariat,
Signé : ALLAIN-TARGÉ.

Pour copie conforme :
Bourg, le 16 janvier 1889.
Le Secrétaire général,
GIRERD.

LA POLITIQUE

DES

HONNÊTES GENS

Il y a cent ans que la société française, rompant avec ses anciennes traditions, est à la recherche de la forme gouvernementale qui s'adapte le mieux à ses besoins, à ses aspirations et à son esprit national.

La Constitution actuelle, votée en 1875, semblait devoir donner satisfaction à la majorité des Français ; d'une part elle répondait aux idées démocratiques du pays, de l'autre elle encourageait et autorisait les réformes progressistes.

Cependant ses résultats ont trompé toutes les espérances parce que nos gouvernants en ont faussé les ressorts et qu'il lui a manqué dès son origine la marque indélébile de l'autorité dont le vote populaire seul avait le droit de la frapper. C'est à cette double cause que nous attribuons l'état de souffrance et d'indicible anxiété dans lequel nous nous débattons.

Il fallait, au lendemain du vote de la Constitution par nos députés, la soumettre au verdict de la France qui lui eût imprimé un caractère ineffaçable de puissance, de force et de stabilité. Et l'on n'eût pas osé, comme l'ont fait nos mandataires d'un jour, discréditer cette charte en la modifiant, sans avoir reçu de pouvoir à cet effet, et lui substituer une République de droit divin, supérieure à la volonté nationale. La clause de revision, qui ouvrait la porte toute large aux réformes constitutionnelles, sans qu'on fût obligé de recourir aux moyens révolutionnaires, a été supprimée, et la conséquence de cet oubli des principes les plus solides sur lesquels reposait notre Constitution, ne s'est pas fait attendre.

Nos gouvernants, enfin, loin de mettre en œuvre toutes les forces vives de la nation, se sont appliqués au contraire à éloigner systématiquement des Conseils du pays tous ceux qui, par leurs talents et leurs mérites, éveillaient leurs jalousies ou contrariaient leurs ambitions mesquines. Nous sommes depuis 12 ans au pouvoir d'une oligarchie de politiciens beaucoup plus inquiets de conserver leurs situations que de veiller aux intérêts du peuple.

La France est lasse d'une gestion incohérente et de promesses mensongères; ce qu'elle veut, c'est une politique de paix et de certitude du lendemain : sécurité à l'intérieur, dignité à l'extérieur. Et, si nos prévisions ne sont pas déçues, l'avenir appartiendra aux plus sages, qui auront le patriotisme et l'énergie de rompre avec les querelles de partis pour s'occuper uniquement de réformes utiles et pratiques.

Au moment où la nation va tenir ses grandes assises, il est instructif de se rendre compte des travaux de la dernière législature, d'établir le bilan de notre situation en 1889 et d'indiquer quelques-unes de ces réformes que le pays nous paraît en droit de réclamer à brève échéance.

Voici le programme de notre députation de l'Ain, datée du 26 septembre 1885 ; les électeurs pourront apprécier la manière dont nos représentants ont fait honneur à leurs engagements et rempli leur mandat.

ÉLECTIONS LÉGISLATIVES DU 4 OCTOBRE 1885

Circulaire adressée par les candidats républicains aux Electeurs de l'Ain

ÉLECTEURS DU DÉPARTEMENT DE L'AIN

Au moment où toutes les forces de la réaction, réunies sous la bannière cléricale, s'apprêtent à donner un assaut désespéré aux institutions démocratiques de notre pays, il nous appartient à nous que les délégués des cantons ont, à une grande majorité, désignés à vos suffrages, de venir loyalement à vous pour vous exposer nos vues sur la situation politique, économique et financière de la France républicaine et à vous dire ce que nous croyons nécessaire pour arriver à la réalisation des espérances trop long-temps ajournées de la démocratie.

Notre programme, que nous sommes décidés à soutenir énergiquement, vous le connaissez :

1° Mettre tous nos soins à relever et encourager l'agriculture, réduire les charges qui pèsent sur le sol ; diminuer les droits de mutation sur la propriété foncière ; reviser les tarifs de transport si onéreux pour notre agriculture et notre commerce ; développer l'enseignement scientifique et agricole ;

2° Apporter la plus grande économie dans la gestion des affaires de notre pays, étudier un système d'impôts répartis plus équitablement, étudier l'impôt sur le revenu, la réforme de l'impôt sur les boissons, en substituant au système si vexatoire de l'exercice un mode de perception tout à la fois moins coûteux et mieux en harmonie avec l'esprit démocratique de ce pays;

3° Etudier la réforme générale de la pro-

cédure, étendre la compétence des juges de paix, arriver ainsi à la **diminution des frais de justice** ;

4° **Réduire à trois ans le service militaire** et le rendre **obligatoire** pour tous les Français sans exception ;

5° *Concentrer nos forces militaires, avoir une* **politique coloniale** *sans faiblesse, mais prudente, sage et restreinte à nos possessions actuelles ;*

6° *Expulser du territoire français les* **princes** *issus des familles qui ont régné sur la France ;*

7° *Etudier et adopter toutes les mesures ayant pour but d'arriver le plus tôt possible à la* **séparation des Eglises et de l'Etat** *et en attendant appliquer strictement le* **Concordat** *;*

8° *Poursuivre dans un sens démocratique la réforme du mode électoral des sénateurs.*

Tels sont vos désirs, tels sont les nôtres.

Chers Concitoyens,

Vous ne vous laisserez plus tromper par les vaines et impuissantes promesses des hommes des anciens partis, de ceux qui ont conduit plus d'une fois la France au démembrement, à la ruine, et s'il eut été possible à la perte de son honneur national.

Vous garderez vos sympathies pour ceux qui sont décidés à travailler sans relâche au **triomphe des idées démocratiques** *et au relèvement de notre chère patrie à l'intérieur comme à l'extérieur.*

Vive la République !

Bourg, 26 septembre 1885.

Signé : GIGUET, *député sortant.*
POCHON,   *id.*
TONDU,   *id.*
PRADON,   *id.*
DUCHER, *conseiller général.*

Avant d'aborder le fond du débat, je tiens à déclarer que, si je reproduis la circulaire des députés de l'Ain pour la discuter, c'est qu'elle me paraît être conforme à toutes celles de la majorité républicaine dont ils ont fait partie. Ai-je besoin d'ajouter que la personnalité de nos honorables est indifférente au procès et que j'entends la laisser absolument de côté? Ce sont leurs principes et leurs tendances que nous allons apprécier. Quant à leurs actes, j'aurai le regret de n'en pouvoir parler..... et pour cause : à part l'expulsion des princes, **ils n'ont exécuté aucun article de leur programme!**

*
* *

Etudions successivement les huit paragraphes de cette circulaire, qui peuvent s'intituler :

1° L'agriculture ;
2° La gestion financière ;
3° La réforme de la justice ;
4° Le service militaire ;
5° La politique coloniale ;
6° L'expulsion des princes ;
7° La séparation de l'Eglise et de l'Etat ;
8° La réforme du Sénat.

I. — L'AGRICULTURE

« Mettre tous nos soins à relever et encourager l'agriculture, réduire les charges qui pèsent sur le sol, diminuer les droits de mutation sur la propriété foncière, reviser les tarifs de transport si onéreux pour notre agriculture et notre commerce, développer l'enseignement scientifique et agricole. »

(Circulaire des candidats républicains à la députation de l'Ain, § 1er.)

Promesses vaines! **L'impôt foncier** qui accable l'agriculture ne cesse d'augmenter, les **droits de mutation** n'ont pas été modifiés et je ne sache pas que **les tarifs de transport** aient été diminués.

L'enseignement scientifique et agricole consiste en quelques conférences des professeurs d'agriculture aux chefs-lieux de cantons, je n'en méconnais certes pas l'utilité et la valeur, mais je voudrais que les instituteurs fussent tenus d'y assister et de reproduire les leçons non seulement dans leurs écoles mais aussi devant tous les habitants de la commune réunis pour les entendre.

On a promulgué ces dernières années quelques lois d'intérêt agricole, qui concernent la fraude dans le commerce des engrais, la destruction des insectes et des végétaux nuisibles à l'agriculture et la création des syndicats autorisés pour la défense des vignes contre le phylloxéra.

Trois lois votées par le Sénat en 1880, 1882 et 1883, et qui avaient certainement des titres bien acquis à l'ancienneté, sont restées en souffrance à la Chambre des députés. Ce sont des décisions importantes relatives au métayage, au régime des eaux, au parcours, à la vaine pâture et au ban des vendanges.

Ne passons pas sous silence l'extension des syndicats agricoles, qui sont appelés à rendre de réels services aux cultivateurs en leur permettant d'acheter avec certaines garanties et dans de meilleures conditions des semences et des engrais chimiques.

Nos candidats républicains de 1885 avaient eu raison de placer au premier rang le relèvement et l'encouragement de l'agriculture; ils n'ont eu qu'un tort, c'est de ne pas s'en occuper sérieusement au cours de cette législature et de ne pas exiger les réformes qu'ils avaient promises.

Les cultivateurs représentent l'immense majorité des Français, ils nomment ou croient nommer des représentants dévoués à leurs intérêts, et cependant leurs plaintes et leurs doléances ne sont jamais écoutées parce que le pouvoir s'appuie sur les villes et sur la multitude de fonctionnaires et de parasites qui forment sa clientèle.

Quand **l'agriculture va tout va**; Sully, le grand ministre de Henri IV, disait que la culture et le pâturage sont les deux mamelles de la France. Et, en effet, quand le cultivateur peut écouler ses denrées à un prix rémunérateur, il achète à l'artisan les produits de sa fabrication. Sinon, il réduit ses dépenses et par suite l'ouvrier des villes, dont il est le meilleur client, ne parvient pas à placer ses objets manufacturés. Le propriétaire, qui ne reçoit pas le montant de ses fermages, est obligé lui aussi de réduire son budget.

Il y a donc solidarité complète, absolue entre la culture et l'industrie. Par suite, il faut de toute nécessité dégrever l'agriculteur et lui fournir les moyens de travailler pour vivre.

IMPOT SUR LE REVENU

On fait grand bruit à la Chambre du projet de M. Peytral, ministre des finances, qui a déposé un projet d'impôt sur le revenu.

Est-ce un impôt de **soulagement** résultant d'une série de dégrèvements ? Non.

Est-ce un impôt de **remplacement** c'est-à-dire un impôt substitué aux charges qui ne sont pas d'accord avec les principes de l'égalité ? Pas davantage.

C'est donc un impôt de **superposition**, qui viendra encore aggraver les charges effroyables sous lesquelles le pays succombe.

Il aura de plus cet inconvénient de nécessiter pour sa perception la méthode inquisitoriale, quand la tendance de nos législateurs devrait être au contraire d'épargner aux contribuables les recherches odieuses de l'exercice. Il faudra que le négociant, que le cultivateur même ouvre ses livres aux agents du fisc, que ceux-ci pénètrent dans les secrets de votre fortune établie par votre comptabilité ; et des amendes excessives frapperont ceux d'entre nous qui, par erreur, auront négligé de dévoiler entièrement les sources de leur bien-être. Ne sera-ce pas d'ailleurs à recommencer tous les ans ? Une année mauvaise succède à une année d'abondance, par suite la base même de l'impôt variant avec les saisons, nous serons tous les ans à la merci des employés de l'Etat. Mais comme ce travail nécessitera de nouveaux agents, nous sommes menacés de voir augmenter le nombre des fonctionnaires et bientôt la moitié des Français sera chargée de percevoir les impôts de l'autre moitié.

PÉRÉQUATION DE L'IMPOT

L'Agriculture n'est-elle pas assez imposée? Elle supporte en tout ou en partie l'impôt foncier, principal et centimes additionnels, l'impôt des portes et fenêtres, la taxe des biens de main-morte, la contribution personnelle et mobilière, les prestations, les droits d'enregistrement et de timbre, au total près de 750 millions.

M. Méline, ancien membre de la Commune, dernièrement encore ministre de l'Agriculture et aujourd'hui président de la Chambre, fournissait aux députés le 10 février 1885 des documents irréfutables d'après lesquels pour

cent francs de revenu,

La propriété rurale paie à l'Etat chaque année **25 %**.

Les maisons de ville **17 %**.

L'industrie et le commerce **13 %**.

Les valeurs mobilières c'est-à-dire les obligations et actions des Compagnies industrielles ou financières **4 %**.

En sorte que le cultivateur verse à l'Etat **plus de six fois** ce que le rentier lui donne.

Est-ce juste, est-ce équitable?

Allons plus loin.

Le propriétaire d'une terre de 10,000 fr. paie au Trésor pour la vendre, sans compter les frais de notaire et autres, une somme de **700 fr.** environ (687 fr. 50) tandis que le propriétaire d'actions ou d'obligations d'une valeur de 10,000 fr. ne paiera pour les vendre que **50 fr.**!!! Il y a plus : le transfert des rentes su[r] l'État est gratuit.

Parlerons-nous des droits de succession? Comme je le rappelais naguère, le fisc ne tient pas compte des charges qui pèsent sur les héritages. Précisons : Une terre de 10,000 fr. grevée de 9,000 fr. de dettes paiera sur la totalité de son estimation, c'est-à-dire sur 10,000 fr., alors qu'en réalité, elle ne vaut que 1,000 fr. pour l'héritier, puisqu'il est obligé de supporter et d'acquitter la dette de 9,000 fr.

Signalons encore une étrange innovation au point de vue des droits successoraux. D'après une loi récente, la propriété **rurale** d'un revenu de 1,000 fr. paiera comme si elle représentait un capital de 25,000 fr., tandis que la propriété **urbaine** d'un revenu de 1,000 fr. sera considérée comme ne représentant qu'un capital de 20,000 fr.

Les droits sont tellement élevés en matière de succession immobilière et les formalités si coûteuses qu'on a vu un héritage de 500 fr. en biens ruraux, accepté par un mineur d'une personne qui n'était pas sa parente, absorbé et au-delà par les frais.

On a calculé du reste qu'en 75 ans le capital tout entier faisait retour à l'Etat par suite des droits de succession, de vente et de partage, tandis que les valeurs mobilières peuvent être transmises en échappant presque complètement à la fiscalité.

N'y a-t-il pas dans ces inégalités une injustice criante et n'est-il pas absolument indispensable de réformer la loi fiscale en ce qui concerne les impôts qui frappent les immeubles?

Et l'on est surpris que nous ne puissions pas lutter à armes égales avec la concurrence étrangère, lorsque notre agriculture plie sous le faix do charges exorbitantes, qui sont loin d'être en rapport avec ses revenus ! Il y a plutôt lieu de s'étonner que la France ne soit pas une vaste friche, et pour que le cultivateur français puisse faire honneur à ses affaires dans des conditions aussi pitoyables, il faut qu'il soit vraiment doué de ces qualités admirables qu'on appelle la patience, le travail et l'économie.

Concluons. **Les charges doivent être les mêmes pour tous les citoyens et la fortune doit être également atteinte, qu'elle soit constituée par la propriété ou par les valeurs mobilières.**

C'est par la **péréquation de l'impôt** que l'agriculture pourra sérieusement bénéficier d'une première série de dégrèvements.

TARIFS DE PÉNÉTRATION

Une seconde cause qui maintient notre pays au point de vue agricole dans une situation alarmante est ce qu'on appelle les **tarifs de pénétration** qui permettent aux étrangers d'expédier sur les marchés de Paris leurs légumes, leurs bières, et leurs bestiaux à un prix inférieur au nôtre ; en sorte qu'un mouton expédié du centre de l'Allemagne coûte moins à transporter à Paris que s'il venait de Nancy ou de Lyon.

On se demande vraiment si nos législateurs n'ont pas d'autre mobile que de favoriser par tous les moyens la concurrence et les importations étrangères.

PROTECTION ET LIBRE ÉCHANGE

Je crois inutile de revenir sur une question que j'ai traitée précédemment et de prouver la solidarité parfaite qui existe entre le cultivateur et l'ouvrier des villes. Les politiciens ont exploité des théories dont nous subirons longtemps les conséquences en opposant l'une à l'autre les deux branches de nos industries : l'industrie agricole et l'industrie manufacturière.

Quand l'agriculteur réclamait au pouvoir l'établissement de droits compensateurs qui lui permissent de se défendre, nos avocats de clubs s'insurgeaient contre cette prétention et n'ayant en vue que des intérêts électoraux, ils lui jetaient à la face cette inepte injure : « **Marquis du pain cher.** »

Entendez-vous, laborieux cultivateurs? vous êtes « les marquis du pain cher », vous qui d'une étoile à l'autre courbés sur les mancherons de la charrue fécondez la terre de votre travail; vous êtes « les marquis du pain cher », vous qui, par les brûlantes journées d'été, arrachez péniblement au sol la récolte qui doit être le prix de vos rudes labeurs; vous êtes les « marquis du pain cher », trop heureux quand en dépit du caprice des saisons vous avez au bout de l'année satisfait à vos engagements et..... payé le percepteur.

L'expérience de ces dernières années est de nature, ce me semble, à dessiller les plus aveugles et les mieux prévenus. L'agriculture se ruine et l'industrie se meurt.

Que fallait-il faire ? Avoir l'indépendance, le courage de n'écouter que la voix de nos intérêts nationaux.

On devait, après la guerre de 1870-1871, imiter ces deux grandes puissances qui se sont relevées rapidement de pertes financières semblables aux nôtres. Les Etats-Unis, après la guerre de Sécession, l'Angleterre, après les guerres du premier Empire, se sont protégés par des lignes de douanes qui ont empêché pour eux l'envahissement des produits étrangers.

Comment voulez-vous qu'un pays puisse résister à l'avalanche de la concurrence étrangère lorsqu'il est écrasé d'impôts dont ses rivaux sont affranchis? Notre marché intérieur est envahi par des produits dont la vente enrichit les autres à des prix qui nous constituent en perte.

Ce qu'il y a de monstrueux encore dans la manière dont nos gouvernants entendent protéger notre commerce, c'est qu'ils reçoivent les produits alimentaires et les matières premières à des conditions dérisoires lorsque l'étranger refuse nos produits manufacturés ou ne les accepte qu'en les frappant de droits onéreux.

Exemple : En Amérique, voici les principales taxes à l'entrée en douane :

Lainages français	61 à 80 % de la valeur du produit	
Soies	60 — — —
Calicots	71 — — —
Fils de coton	58 — — —
Tapis	96 — — —
Vins	54 fr. l'hectolitre.
Vins mousseux	32 fr. les 12 bouteilles.
Alcool	273 fr. par hectolitre

Tandis que nos importations dépassent nos exportations de 850 millions et que, par suite, nous nous appauvrissons, nos concurrents s'enrichissent. Alors que notre dette s'accroît chaque année dans des proportions effrayantes, comme nous le verrons plus loin, les Etats-Unis amortissent le quart de leur dette de 14 milliards en moins de dix ans.

Ce sont de rudes commerçants, démocrates comme nous, mais il faut leur rendre justice, meilleurs mathématiciens et meilleurs patriotes que les extravagants personnages auxquels la France a confié ses destinées.

Il est donc équitable, en principe, que la culture soit protégée dans des limites raisonnables et que, tous calculs faits, les *droits d'entrée équivalent à la différence qui existe au point de vue des charges entre le cultivateur français et le cultivateur étranger.* Ce qui n'empêchera pas une concurrence loyale et ce qui ne dispensera pas le Français de suivre les meilleures méthodes de culture afin d'obtenir sur ses terres les plus forts rendements possibles.

CRÉDIT AGRICOLE

Mais pour améliorer le mode de culture, pour renouveler son outillage, pour miner et planter nos terrains dévastés par le phylloxéra, des capitaux sont nécessaires. Où l'agriculteur les prendra-t-il?

S'il emprunte à des taux exagérés, c'est la ruine avant qu'il ait pu récolter. C'est ici que se place une institution qui paraît tout indiquée, je veux parler du **Crédit agricole.** Je le voudrais organisé par arrondissement, par canton même, prêtant sur gages hypothécaires, sans frais d'enregistrement et d'inscription pour la petite culture, et à un taux ne dépassant pas 3 ou 3,50 pour cent.

Ah! si le gouvernement au lieu de gaspiller les milliards qui lui ont été déposés depuis longtemps dans les caisses d'épargne les avait employés à créer des caisses de crédit agricole, non seulement les déposants seraient parfaitement rassurés sur le sort de leurs économies, mais aussi les cultivateurs auraient pu améliorer leur système cultural, sélectionner leur bétail, reconstituer leurs vignes, etc.

REVISION DU CADASTRE

A raison de son inexactitude, le cadastre nécessite une revision complète, mais cette opération doit être ordonnée et surveillée par l'Etat et non par les départements, car les départements favorisés auraient de bons motifs pour n'y pas consentir. Le nôtre étant l'un des plus chargés ne pourrait qu'y gagner.

Cette réfection aurait un double but :

1° L'égale répartition de l'impôt foncier dont les inégalités actuelles sont choquantes ;

2° L'établissement de l'état civil de la propriété en France, ce qui permettrait de fixer d'une manière précise et simple sur la tête du propriétaire le droit de propriété, et, par suite, d'éviter de nombreux procès. Il est de jurisprudence constante que le cadastre n'a qu'une valeur de simple renseignement, mais il est appelé à devenir l'état civil de la propriété.

LES CÉDULES HYPOTHÉCAIRES

ET LA MOBILISATION DE LA PROPRIÉTÉ

M. le garde des Sceaux Persil, dans son projet de loi sur les privilèges et les hypothèques, s'exprimait ainsi en 1849 :

« Vous avez été frappé d'un fait qui est de nature à modifier les conditions de l'existence sociale, c'est le prodigieux accroissement de la fortune mobilière ; et en regard la stagnation de la propriété territoriale.

« D'un côté l'abondance des capitaux, qui place l'industrie et le commerce à la tête de la civilisation ; de l'autre la pénurie des espèces et cet obstiné refus de les confier à l'agriculture qui est pourtant, dans un pays aussi favorisé de la nature que le nôtre, la source la plus honorable, la plus féconde et la plus sûre de toutes les industries. »

Depuis cette époque, le mal s'est aggravé et il est à remarquer que toutes les institutions de crédit, Crédit foncier, Crédit hypothécaire, etc., ne peuvent jamais, par suite des exigences d'ailleurs très légitimes de leur contentieux, rendre aucun service aux petites propriétés rurales. Pour la plupart, il y a toujours un certain nombre de formalités compliquées et coûteuses qui n'ont pas été remplies pendant les trente années qui précèdent la demande d'emprunt, et en tout cas l'établissement des actes exigés augmente les frais de l'obligation de 2, 3 et même 5 %.

Le cadastre devenant l'état civil de la propriété entraînerait la fusion de ce service avec celui des hypothèques et de la transcription et l'établissement des cédules hypothécaires, qui sont adoptées par la plupart des États du centre de l'Europe.

La cédule est un titre mobilier qui représente l'immeuble considéré comme objet d'un gage ; elle est remise au propriétaire et, sur sa demande au bureau des hypothèques, il la garde en portefeuille jusqu'au jour où il veut l'utiliser, indépendamment de toutes formalités postérieures.

C'est en quelque sorte la possibilité pour le propriétaire de représenter son immeuble par un certain nombre **d'obligations hypothécaires** de valeurs différentes à son choix qu'il négocie au fur et à mesure de ses nécessités ; c'est en un mot la mobilisation de la propriété foncière.

Il est superflu d'indiquer la forme que doivent affecter les cédules hypothécaires et la manière fort simple d'ailleurs dont elles sont établies. On a compris les avantages et les facilités qu'elles offrent au propriétaire, qui, à un moment donné, peut s'en servir comme de papier banquable.

Ce système réunit la solennité de l'engagement immobilier et la fixité du droit réel d'hypothèque à la mobilisation du crédit ; il me paraît être de nature à réaliser l'une des réformes les plus désirables en permettant au propriétaire de se procurer de l'argent quand il le veut et à des conditions beaucoup moins onéreuses.

Pour sauver l'agriculture française, il faut en résumé :

1° Diminuer les charges et revenir aux budgets équilibrés normalement par les recettes ordinaires ;

2° Répartir également les impôts sur la terre et sur les valeurs mobilières ;

3° Abolir les tarifs de pénétration ;

4° Protéger efficacement le cultivateur contre la concurrence étrangère ;

5° Organiser le Crédit agricole et permettre la mobilisation de la propriété par l'institution des cédules hypothécaires.

II. — LA GESTION FINANCIÈRE

« Apporter la plus grande économie dans la gestion des affaires de notre pays, étudier un système d'impôts répartis plus équitablement, étudier l'impôt sur le revenu, la réforme de l'impôt sur les boissons en substituant au système si vexatoire de l'exercice un mode de perception tout à la fois moins coûteux et plus en harmonie avec l'esprit démocratique de ce pays. »

(Circ. des candidats républicains à la députation de l'Ain, §§ 2.)

NOS BUDGETS

On peut juger de la manière dont nos mandataires entendent apporter la plus grande économie dans la gestion des affaires du pays en comparant les budgets votés pendant la période où les conservateurs détenaient le pouvoir à ceux des législateurs républicains ; ces chiffres ont plus de valeur que tous les raisonnements, ils sont empruntés au travail très complet dont M. Jules Siegfried, député républicain de la Seine-Inférieure, a fait hommage à ses collègues de la Chambre le 6 février 1888 et aux documents insérés au *Journal officiel*.

Il est utile de faire remarquer que le premier budget normal voté après la guerre a été celui de 1874, c'est avec lui que nous commençons cette étude.

PÉRIODE CONSERVATRICE

Années ordinaires	RECETTES	DÉPENSES			Sommes consacrées à l'amortissement
		budget ordinaire	budget extraordinaire	TOTAL	
1874	2.509 millions	2.583 millions	117 millions	2.700 mill.	201 millions
1875	2.700 id.	2.627 id.	265 id.	2.892 id.	226 id.
1876	2.775 id.	2.680 id.	326 id.	3.006 id.	152 id.
1877	2.780 id.	2.732 id.	309 id	3.011 id.	152 id.
Totaux.	10.764 id.	10.622 id.	1.107 id.	11.639 id.	731 id.
Moyenne	2.691 id.	2.655 id.	251 id.	2.909 id.	183 id.

PÉRIODE RÉPUBLICAINE

Années ordinaires	RECETTES	DÉPENSES			Sommes consacrées à l'amortissement
		budget ordinaire	budget extraordinaire	TOTAL	
1878	2.851 millions	3.108 millions	552 millions	3.660 millions	153 mill.
1879	2.846 id.	2.869 id.	285 id.	3.154 id.	153 id.
1880	2.891 id.	2.827 id.	479 id.	3.306 id.	173 id.
1881	2.907 id.	2.881 id.	701 id.	3.582 id.	130 id.
1882	2.916 id.	3.022 id.	664 id.	3.686 id.	118 id.
1883	2.963 id.	3.100 id.	615 id.	3.715 id.	153 id.
1884	2.967 id.	3.122 id.	417 id.	3.539 id.	129 id.
1885	2.972 id.	3.203 id.	264 id.	3.467 id.	129 id.
1886	2.931 id.	3.093 id	227 id.	3.320 id.	127 id.
1887	2.931 id.	3.027 id.	347 id.	3.374 id.	43 id.
Totaux.	29.175 id.	30.252 id.	4.551 id.	34.803 id.	1 308 id.
Moyenne	2.917 id.	3.025 id.	455 id.	3.480 id.	130 id.

Il résulte de l'examen de ce tableau que :

1° De 1874 à 1877, pendant la période conservatrice, la moyenne des dépenses a été de.......... 2.909 millions.

De 1878 à 1887, pendant la période républicaine, la moyenne des dépenses a été de 3.480 id.

Soit une différence de........ 571 millions

2° De 1874 à 1877, la France a amorti sur sa dette une moyenne de............ 183 millions

De 1878 à 1887, la France a amorti sur sa dette une moyenne de,............. 130 millions

Soit une différence de........ 53 millions

De sorte que l'administration républicaine a coûté annuellement à la France........................ 624 millions

SIXCENT VINGT-QUATRE MILLIONS de plus que l'administration conservatrice.

A ce formidable budget, il faut ajouter « les dépenses sur ressources spéciales » deuxième budget en grande partie alimenté par les centimes additionnels aux contributions directes et dont le total s'élève annuellement de 460 à 480 millions.

On arrive à compléter le QUATRIÈME MIL-LIARD par les crédits supplémentaires en cours d'exercice.

Un budget de quatre milliards !

« Si on plaçait, dit un calculateur, des pièces de un franc les unes à côté des autres tout autour de notre globe, suivant la ligne de l'équateur, il faudrait faire ainsi près de deux fois et demie le tour de la terre pour réunir la somme que nous dépensons du 1ᵉʳ janvier au 31 décembre de chaque année. »

Grâce aux centimes communaux cette progression de l'impôt devient encore plus écrasante. La moyenne des centimes additionnels communaux qui, d'après le *Bulletin de statistique* du ministère des finances, était de 41 centimes en 1875, est montée en 1888 à 54 centimes. C'est-à-dire que nous avons **treize** francs par **cent** fr. d'augmentation d'impôt *du seul chef* de l'élévation des dépenses communales.

Notez qu'avec cela le principal de l'impôt lui-même a augmenté. Comparons les compte-rendus du Conseil général de l'Ain en 1876 et en 1888, nous trouvons, pour cette dernière année, une augmentation de 22,000 francs sur le principal de la propriété foncière.

Et si du moins à l'accroissement de cet impôt foncier correspondait l'accroissement de la valeur du sol. Mais les chambres des notaires du département de l'Ain constatent que :

Depuis 10 ans la valeur de la propriété a baissé :

Dans le Bugey, d'un tiers ;

Dans la Dombes et la Bresse, d'un quart.

La députation républicaine de l'Ain nous avait annoncé son intention d'étudier un **nouveau système d'impôts** répartis plus équitablement, le temps lui a sans doute manqué pour parfaire ce travail dont l'enfantement est, nous devons le croire, fort laborieux, puisque depuis 1885 nous n'en avons pas entendu parler.

* *

LA DETTE DE LA FRANCE

Mais nous avons mieux à faire que de critiquer la conduite de nos députés, il y va de la fortune et de l'avenir de la France, et il est opportun que nous connaissions le bilan de la dette publique.

Un sénateur républicain, M. Hugot (de la Côte-d'Or), l'a établi dans la séance du 25 mars 1888, il le faisait précéder des réflexions suivantes :

« Insuffisamment renseigné sur l'étendue du mal, le pays s'est endormi dans une fausse sécurité sans songer à sa guérison. Si, au contraire, la situation financière lui était exposée avec la franchise à laquelle il a droit, il n'hésiterait pas un seul instant à proportionner ses efforts aux nécessités budgétaires; l'émotion générale qui résulterait de la divulgation de la vérité provoquerait une réaction salutaire. Quand on se met en présence du chiffre colossal de la dette française on est véritablement pris de vertige. »

Voici, d'après M. Hugot, quel est le passif de la France :

1° Rentes 4 1/2 °/₀ capital nominal	6	milliards	789	millions.	
2° Rentes 3 °/₀	14	—	260	—	
3° Dette remboursable à terme	7	—	115	—	
4° Obligations sexennaires....			783	—	
5° Dette flottante................	1	—			
6° Dette viagère................	1	—	700	—	
7° Cautionnements............			218	—	
8° Dette communale et départ¹°	4	—			
Total...............	35	milliards	865	millions.	

Soit un total de 36 milliards en chiffres ronds!

Il y a de plus des engagements à terme sous forme d'annuités pour les chemins de fer, les canaux, les ports, les maisons d'école, etc., et l'on peut estimer en fin de compte et à l'heure présente le total des dettes de toutes sortes mises à la charge du contribuable français à la somme de **37 milliards !**

La *République française*, dans son n° du 30 décembre 1888, décompose notre dette de la manière suivante :

1° Rentes consolidées........	22 milliards.			
2° Dette amortissable........	7	—	100 millions.	
3° Dette flottante............	1	—		
4° Capital correspondant aux retenues et pensions de retraites..................	2	—	180	—
5° Cautionnements...........			300	—
6° Dûs à la Banque..........			170	—
7° Intérêts annuels...........	1	—	330	—
8° Emprunts départementaux et communaux............	3	—	500	
Au total............	37 milliards		580 millions.	

Cette feuille opportuniste convient de l'énormité de la dette publique, mais elle s'empresse d'ajouter qu'elle ne peut être un « sujet d'inquiétude » tout au plus est-ce un « sujet de préoccupation. »

M. Hugot ne partage pas l'optimisme de la *République française* et pousse un cri d'alarme qui fait honneur à sa sagesse et à son patriotisme. Non seulement cette situation financière est désastreuse au point de vue intérieur, non seulement elle nous menace de nouveaux impôts et de nouveaux emprunts, si d'autres principes ne prévalent pas bientôt au gouvernement, mais elle est pleine de dangers au point de vue de la défense du pays.

Vous croyez que pour faire la guerre, disait le baron Louis, il suffit d'avoir des canons et des fusils ! Oui, il faut des canons et des fusils, mais il faut avoir du crédit, car le crédit c'est une autre artillerie.

M. Hugot ajoute :

« C'est cette artillerie, messieurs, qu'au nom des intérêts sacrés de la patrie je vous adjure de reconstituer. A côté de la trouée des Vosges, sur laquelle nous devons avoir les yeux constamment tournés, gardons-nous de laisser plus longtemps béante une sorte de trouée financière, qui serait beaucoup plus périlleuse que la première. Car pour défendre l'une nous avons la bravoure de nos soldats qui ne nous fera jamais défaut, tandis que pour combler l'autre nous n'avons que nos capitaux et vous savez qu'en temps de crise les capitaux n'ont pas de patrie et qu'ils deviennent facilement déserteurs si le crédit public n'est pas établi sur des bases inébranlables. »

Que faudrait-il pour alléger cette charge formidable des budgets dont le déficit se chiffre annuellement par 600 millions ? *Il faudrait entrer résolument dans la voie des économies.* C'est ce que nos gouvernants ne veulent pas entendre, parce qu'à l'équilibre budgétaire ils préfèrent l'équilibre électoral. Les Français ne comprendront-ils pas enfin que l'Etat n'a, en définitive, d'autre argent que celui qu'ils lui donnent et que, du train dont marchent les choses, la conséquence prochaine de cette gestion « insensée », on pourrait dire « criminelle », c'est la banqueroute fatale ?

LE GRAND LIVRE DE LA DETTE PUBLIQUE

Notre dette publique a triplé depuis 1870 !

En 1871 et 1872, on a émis des emprunts dont le produit a servi à payer l'indemnité de guerre de cinq milliards que nous devions à l'Allemagne ; on a de plus inscrit au grand livre une rente de 300 millions pour couvrir les dépenses causées par la guerre, refaire notre matériel, construire des forteresses, etc.

Avant 1870, notre Grand-Livre de la dette publique constatait que nous devions 400 millions de rente.

En 1871 et 1872, la rançon nous a contraint d'y inscrire 345 millions, chiffre qui a été ramené, en 1883, à 310 millions par la conversion du 5 % en 41/2.......................... 310 millions

La réfection de notre matériel a coûté une somme représentant........ 300 —

En chiffres ronds, nous devions, en 1875, une rente consolidée de **un milliard**.

Par comparaison, ce serait à peu près le chiffre de la rente que l'Angleterre paie à ses créanciers.

Une dette double de celle de l'Italie.

Une dette triple de celle des Etats-Unis.

Une dette quadruple de celle de l'Allemagne et encore celle-ci possède-t-elle un réseau de chemins de fer dont la valeur considérable doit être portée en déduction du total de sa dette et ramène cette dette à un chiffre bien inférieur.

Mais depuis nos gouvernants ont augmenté notre dette d'un tiers et nous payons plus de 300 millions d'intérêts pour les capitaux empruntés depuis dix ans en 3 % perpétuel, 3 % amortissable, bons du Trésor à court et à long terme.

Ces capitaux ont servi aux travaux publics, aux

folies scolaires, à l'augmentation exagérée du personnel, au paiement des retraites anticipées et des dépenses nécessitées par le dédoublement des ministères, la création des sinécures, etc.

Voulez-vous, en passant, l'appréciation d'hommes compétents et sérieux sur la gestion de nos deniers en ce qui touche les travaux publics ?

« Avec les 650 millions d'aujourd'hui, on ne construit pas plus de chemins-de fer qu'avec les 200 millions de 1875. (H. Germain, *la situation financière.*) »

« Il y a un grand nombre de lignes qui, quand elles auront été achevées, ne pourront être exploitées qu'à perte et cette perte viendra grever le budget. Dans mon département, on a construit un chemin de fer qui, l'année passée, a, je crois, produit 5,000 fr. et dont l'exploitation a coûté 100,000 francs. Je sais bien que c'était un chemin de fer stratégique, mais, depuis qu'il a été construit, on a déclaré qu'il ne présentait plus ce caractère. (L. Say, *discours du 19 février 1887, au Sénat.*) »

Parlerons-nous des dépenses nécessitées par l'instruction primaire ? En 1879, elle coûtait 63 millions ; en 1886, 120 millions. Ce n'est pas assez, il faut une annuité de 50 millions pour intérêts et amortissement du milliard déjà enfoui dans les constructions scolaires. Mais, s'empresse d'ajouter M. Dubost, rapporteur de ce budget, le chiffre actuel est loin d'être définitif. C'est en face d'un budget annuel de 240 à 250 millions que doivent se placer résolument les républicains soucieux de mener à bien l'œuvre entreprise. **250 millions de budget pour l'instruction !**

Tenez-vous à savoir ce que nous coûtent les fonctionnaires et les pensions civiles :

En 1875 les fonctionnaires civils coûtaient. 270 millions
En 1889 ils coûtent...................... 400
    Soit 130 millions de plus

En 1871 les pensions civiles s'élevaient à   32.500.000 fr.
En 1885... 55.000.000 fr.
En 1871 le nombre des retraités était de........ 130.000
En 1887 .... 206.000

Et la moyenne de l'âge des retraités s'est abaissée de la manière suivante :

En 1869 cette moyenne était de............. 63 ans
En 1876 60
En 1882 57
En 1887 .... 50 à 55 ans

Ne fallait-il pas assurer des places aux frères et amis et créer à leur profit des sinécures, récompenser la clientèle électorale, consoler les fruits secs de la politique et panser les blessures des victimes du suffrage universel? C'est à ces scandaleux appétits que nous devons la création de places importantes et *grassement rétribuées* [1].

Ah! la curée républicaine nous aura coûté cher et les contribuables sont patients!

Comme je ne veux rien omettre du programme de MM. les députés, je dois constater que l'impôt si vexatoire sur les boissons n'a pas été modifié; il serait temps de renoncer à des pratiques d'un autre âge et de supprimer définitivement l'exercice pour le remplacer par l'abonnement ou la transformation de la patente. La pétition du Syndicat des négociants en vins et spiritueux de l'Ain contient un excellent projet de loi. Nous ne saurions trop l'approuver.

Quant au privilège des bouilleurs de crûs, nous devons imposer à nos mandataires de nous le maintenir à tout prix. Ce n'est d'ailleurs pas un privilège. C'est un droit.

---

[1] Parmi les plus modestes, citons : Les inspecteurs des ferronneries d'art, les dégustateurs des vins pour l'exposition de 1878 qui émargeaient hier encore leurs traitements, les frotteurs du Palais St-Cloud auxquels on a, dit-on, conservé leurs émoluments jusqu'à une date fort récente, alors que le Palais avait été brûlé par les communards de 1871, et tant d'autres sinécures qu'il serait fastidieux d'énumérer.

III. — LA RÉFORME DE LA JUSTICE

Etudier la réforme générale de la procédure, étendre la compétence des juges de paix, arriver ainsi à la diminution des frais de justice.

(Circ. des candidats républicains à la députation de l'Ain, § 3.)

Le *Journal officiel* est muet sur les réformes proposées par nos législateurs pendant ces quatre dernières années ; nous dirons sommairement les modifications que nous voudrions dans l'organisation judiciaire et administrative.

Réforme judiciaire. — C'est ici qu'il faut avoir le courage de rompre avec des institutions surannées et qui ne sont pas en rapport avec une constitution démocratique.

Les magistrats devraient se diviser en deux classes ; les uns, fonctionnaires chargés de parler au nom du gouvernement, tiendraient leurs pouvoirs de l'État. C'est la magistrature **debout** représentée par le Procureur Général et ses substituts.

Les autres absolument indépendants pour ne jamais être soupçonnés de rendre des services et non des arrêts. Ils seraient nommés à l'élection par tous les magistrats, avocats, notaires et avoués du ressort, qui pour être électeurs *devraient* remplir certaines conditions de capacité. Nul ne pourrait être éligible s'il n'était licencié en droit et s'il n'avait exercé pendant dix ans au moins. De cette manière on aurait des magistrats offrant aux justiciables des garanties que les agents du gouvernement ne peuvent leur donner. Tout magistrat même inamovible est **avançable**, disait Prévost-Paradol.

L'avancement ne devant être que la récom-
pense du mérite, ce serait aux électeurs spéciaux
dont nous avons parlé à l'accorder par leur vote.
J'irai même plus loin, je voudrais qu'il y ait un
traitement unique pour tous les magistrats élus,
l'honneur d'occuper les hautes charges de la justice devant satisfaire leurs ambitions.

Refonte du code de procédure civile. —
Les affaires commerciales sont jugées avec moins
de frais et d'écritures que les affaires civiles,
cependant elles ont parfois beaucoup plus d'impor-
tance que ces dernières. Il y aurait lieu de
refondre le code de procédure civile et de le
simplifier.

Les procès ruinent les plaideurs et, en matière
d'expropriation immobilière, les frais sont tellement élevés que s'il s'agit d'un immeuble de 12 ou
1,500 fr. par exemple, ils absorbent les trois
quarts du prix de vente.

Rapidité de l'expédition des affaires. —
Il n'est pas de pays au monde où la justice
éprouve plus de lenteurs qu'en France.

Pour ne prendre qu'un exemple, un ouvrier
victime d'un accident du travail, et qui intente un
procès à son patron, n'obtient jamais l'indemnité
qui lui est due qu'au bout de plusieurs années.

La loi devrait obliger les magistrats à rendre
leurs jugements dans un délai fixe, une fois les
affaires instruites, à peine de prise à partie et
même de dommages-intérêts.

Suppression des conseils de préfecture.
— Les conseillers de préfecture sont nommés par
le gouvernement et amovibles ; par suite quand un
particulier plaide contre l'Etat, ils sont tout à la

fois juges et parties. Cette magistrature n'est d'ailleurs qu'une simple école d'administration destinée aux jeunes protégés des ministres et des députés ; c'est un surnumérariat pour arriver aux sous-préfectures. Et c'est à ce tribunal composé d'apprentis sous-préfets que se portent les questions de contentieux administratif les plus ardues et les plus importantes. Toutes les affaires administratives ou judiciaires appartiendraient aux juges élus dont nous avons parlé. A quoi bon deux classes de magistrats ?

Si le Préfet a besoin de conseillers, il s'adressera à ses chefs de division ou de bureau qui sont rompus aux affaires particulières qu'ils traitent habituellement, aux ingénieurs des ponts-et-chaussées, en un mot, aux chefs de service infiniment plus capables de lui venir en aide que les jeunes conseillers de préfecture dont nous connaissons le mode de recrutement.

Notre organisation judiciaire et administrative nécessite un remaniement complet et l'Europe, quoi qu'on en dise, a bien des motifs de ne pas nous l'envier.

IV. — LE SERVICE MILITAIRE

« *Réduire à trois ans le service militaire et le rendre obligatoire pour tous les Français sans exception.* »

(Circ. des candidats républicains à la députation de l'Ain, § 4.)

Le principe qu'énonçaient nos honorables me parait absolument équitable ; en face de l'Europe qui ne songe pas au désarmement, nous devons nous préoccuper avant tout de pouvoir lui opposer la nation armée. Quand sonnera l'heure de la mobilisation, tous les Français marcheront à la défense de la patrie qui utilisera chaque citoyen suivant ses aptitudes. — Le service de trois ans parait suffisant puisque les Allemands l'ont adopté et qu'il parait donner chez eux de bons résultats.

Cette loi mériterait mieux qu'une étude fugitive, nous la reprendrons quand le moment sera venu. Depuis 1886 elle se promène de la Chambre au Sénat et du Sénat à la Chambre ; cette législature prendra fin avant qu'elle ne soit votée dans son ensemble. Avouez-le, Messieurs nos Mandataires, vous en prenez à votre aise !

V. — LA POLITIQUE COLONIALE

Concentrer nos forces militaires, avoir une politique coloniale sans faiblesse, mais prudente, sage et restreinte à nos possessions actuelles.

(Circ. des candidats républicains à la députation de l'Ain, § 5.)

« Concentrer nos forces militaires », cette phrase me laisse rêveur et j'avoue à ma honte que je n'en comprends pas la signification. La concentration de l'armée se fera le jour de la mobilisation et je la crois suffisamment étudiée pour que nous puissions envisager sans appréhension cet évènement. Mais je ne saisis pas ce que la politique coloniale a de commun avec la mobilisation.

MM. les candidats républicains par la phrase suivante semblaient vouloir rassurer les électeurs au sujet de l'occupation du Tonkin en leur promettant qu'on ne recommencerait plus à se lancer dans des expéditions en pays inconnu.

Au cours de cette législature, on a laissé au gouvernement, moyennant un budget fort élevé, le soin d'organiser cette colonie et de la pacifier; on a évité d'en parler pour ne pas rouvrir des blessures mal cicatrisées et faire oublier au pays les fautes que la troisième république a commises au Tonkin.

Disons-le tout de suite : cette entreprise a été imaginée par ceux qui avaient le plus amèrement reproché à l'Empire la guerre du Mexique. Après nos désastres de 1870, nous devions nous recueillir et nous ménager! l'expédition du Tonkin semble avoir été la conséquence immédiate des dispositions serviles de nos hommes de gouvernement vis-à-vis de l'Allemagne, qui n'ignorait pas les difficultés que nous allions y rencontrer, qui voyait avec plaisir notre diversion en Extrême-Orient et qui nous poussait à une conquête ruineuse en hommes et en argent.

Il est difficile aujourd'hui d'abandonner le Tonkin, ce serait la honte pour le drapeau, ce serait l'égorgement certain et à bref délai des chrétiens et des indigènes qui nous ont servis.

Mais avec les effectifs restreints mis à la disposition du commandement militaire, on ne peut pas songer à assurer la sécurité de ces immenses territoires.

Les évènements de chaque jour nous prouvent que le système des postes détachés (système condamné par tous les vieux praticiens) cause des pertes constantes chez nos troupes, favorise le succès des bandes rebelles, démoralise nos officiers et nos soldats, décuple les causes de fatigues et de maladies et en cas d'insurrection brusque et générale, livre nos détachements à la férocité des irréguliers Chinois, des bandits et des pirates.

Nous avons donc à examiner sous un double point de vue les dispositions à prendre pour conserver cette colonie, la défendre et profiter dans une certaine mesure des sacrifices qu'elle nous a coûtés.

L'utilité de nos établissements dans l'Inde et le long des côtes annamites et tonkinoises peut s'affirmer à la condition de suivre lentement et sûrement un plan d'organisation. La civilisation d'une part, l'avenir de notre commerce et notre industrie de l'autre, y sont intéressés. Trois villes importantes, Haïphong, Tourane et Saïgon, sont étagées le long des côtes de nos possessions, il faudrait les relier par des ports et des établissements coloniaux, puis avec le temps franchir la dorsale des montagnes et atteindre la rive gauche du Mékong où se trouvent des richesses minières et forestières inexploitées jusqu'à ce jour. Tout le pays entre le fleuve et la côte est d'une fertilité remarquable. Nous tenons déjà le delta tonkinois au nord, la Cochinchine au sud et Tourane au milieu. On devrait éviter de faire des sacrifices vers le nord et les frontières chinoises, et chercher à se porter vers l'ouest.

Nous trouverions sur la côte d'excellents points de ravitaillement pour nos flottes et, quand le canal de Panama sera terminé, nos établissements pourraient prendre un développement considérable par le courant commercial qui se produirait. D'autre part il est intéressant que nous occupions solidement nos possessions d'Indo-Chine au point de vue de nos relations avec le Japon et avec la Russie qui nous aideront un jour à contrebalancer l'influence anglaise dans l'Empire Chinois.

Mais avant tout il est urgent que nous nous établissions en prenant toutes les précautions nécessitées par la perspective d'une insurrection formidable qui éclatera fatalement si nous sommes obligés de soutenir une guerre en Europe.

Les plus sages conseillent dans ce but l'évacuation de toute la zone comprise entre la frontière chinoise et le Delta, et la mise en état de défense de toutes les citadelles qui entourent cette province. Ils veulent encore qu'on exerce une surveillance active de toutes les rivières qui y débouchent, qu'on installe une ligne de douanes et qu'on assure la sécurité sur tout le territoire cultivé. Il serait bon d'occuper en Annam la capitale Hué et les points de la côte annamite où la navigation est commode, et de se contenter au Cambodge d'un protectorat très pacifique en appuyant l'autorité du roi Norodom sur ses sujets.

Avant tout : **diminuer le nombre des parasites de l'administration coloniale.**

Voilà comme j'entendrais au Tonkin « une politique coloniale sans faiblesse mais prudente, sage et restreinte à nos possessions actuelles. »

VI. — L'EXPULSION DES PRINCES

« Expulser du territoire français les princes issus des familles qui ont régné sur la France. »

(Circ. des candidats républicains à la députation de l'Ain § 6.)

Ici, je suis obligé de reconnaître que nos représentants de l'Ain ont consciencieusement accompli leurs promesses. Ils ont expulsé quelques citoyens dont la présence sur le sol français était de nature, paraît-il, à compromettre la sécurité de la République.

Cet acte de vigueur accusait l'impuissance et la faiblesse de nos gouvernants. Un pouvoir fort et respecté n'a jamais besoin de recourir aux mesures d'exception.

VII. — LA SÉPARATION DE L'ÉGLISE ET DE L'ÉTAT

Etudier et adopter toutes les mesures ayant pour but d'arriver le plus tôt possible à la séparation des Eglises et de l'Etat et, en attendant, appliquer strictement le Concordat.

(Circulaire des candidats républicains à la députation de l'Ain, § 7.)

Je préfère la formule adoptée par le Comité central dans son programme inséré au *Réveil de l'Ain*, n° du 17 septembre 1885, elle est plus nette et plus explicite :

« Séparation des Eglises et de l'Etat, suppression du budget des cultes, affectation d'une partie du budget des cultes au profit de la caisse de secours aux invalides du travail et de la vieillesse. »

Tout se réduit donc à une question d'argent, on veut enlever au clergé le maigre salaire que lui avait laissé la Révolution en échange de ses biens. — « Que ceux qui vont à la messe paient les prêtres », dit-on ; je répondrai : « Que ceux qui ont des enfants et qui les envoient à l'école laïque paient les instituteurs. » Le culte n'est-il pas un service public comme l'instruction ? Tant que la majorité des Français se fera baptiser, marier et enterrer par le clergé, je ne vois pas pourquoi on supprimerait le modique traitement des prêtres. D'ailleurs ce seraient toujours les pauvres qui en pâtiraient, les riches trouveraient le moyen de se passer du concours de l'Etat pour l'entretien du curé. Malheur aux pauvres, n'est-ce pas le cri de guerre de nos maîtres ?

Notre prêtre de campagne n'a-t-il pas autant de mérite que le religieux soumis à une règle et n'accomplit-il pas comme lui, et plus durement peut-être, le vœu de pauvreté ?

900 francs de traitement et le casuel : quel casuel, grand Dieu ! on le lui marchande dans beaucoup de paroisses, et la plupart du temps, il est forcé d'en faire l'abandon. Ne serait-il pas opportun que nos communes allouent à leur curé une somme fixe, calculée, je suppose, sur la moyenne des dix dernières années de casuel et qu'elles lui évitent ainsi des réclamations humiliantes ? Du reste, ce n'est pas une innovation et je sais nombre de paroisses des départements voisins où depuis longtemps on a aboli le casuel pour le remplacer par une indemnité portée au budget de la commune. Par le fait, il n'en coûte ni plus ni moins aux habitants.

La 3ᵉ République a l'horreur du clergé, et chaque fois qu'elle se trouve dans l'embarras c'est sur les prêtres que tombent ses colères, croyant flatter en cela les basses et envieuses passions de la foule, elle diminue le traitement des évêques, supprime celui des chanoines et met au pain et à l'eau les vicaires.

Maladroits ! le clergé de France étant, par son origine, essentiellement démocrate puisqu'il se recrute en majeure partie dans la classe ouvrière de nos campagnes, eût été pour vous un précieux auxiliaire si vous l'aviez laissé tranquillement remplir son ministère de paix et de charité. Tandis que vous lui faites une guerre d'opinion et de tendance, et l'un de ses membres est en droit de s'écrier dans une magnifique protestation :

« Accusés sans le savoir, nous sommes condamnés sans débat et exécutés sans délai. »

VIII. — LA RÉFORME DU SÉNAT

Poursuivre dans un sens démocratique la réforme du mode électoral des sénateurs.

(Circ. des candidats républicains à la députation de l'Ain, § 8.)

Depuis quelque temps, il est de mode de s'attaquer au Sénat et les radicaux réclament sa suppression, les plus modérés son recrutement par le suffrage universel. Ah ! certes, MM. les Sénateurs de la République ne peuvent pas être suspects de modérantisme et les conservateurs seraient en droit de demander qu'on les rende à leurs foyers. Mais les hommes passent et les institutions restent ! Or, le Sénat nous paraît absolument indispensable comme rouage gouvernemental dans une nation qui veut la liberté. Une Chambre unique, c'est le pouvoir sans limites et, par suite, le despotisme ; elle a toujours la fièvre et la donne au pays. Voyez la Convention, n'était-ce pas la révolution et l'anarchie en permanence? Le Sénat doit être le pouvoir pondérateur qui seul peut représenter les éléments traditionnels, c'est le grand régulateur et le balancier du gouvernement. Jusqu'à ce jour, les Français ont mal compris la nécessité de cette institution, peut-être parce que son recrutement a laissé à désirer ou plutôt parce qu'on ne lui a pas assuré dans nos Constitutions la place qui lui revenait.

Si elle doit être une garantie pour le gouvernement et pour les relations extérieures, elle doit être avant tout une assemblée modérée ; or, pouvait-on s'en remettre au suffrage universel sans qu'elle fût animée des mêmes passions que la Chambre des députés. On a donc adopté un mode de recrutement à deux degrés, qui devait, dans la pensée du législateur, n'envoyer que des sages au conseil des anciens.

Dans le but d'assurer la sauvegarde de la constitution et aussi de prévenir les conflits entre le Sénat et la Chambre des députés, les Américains ont fait mieux, en instituant la Cour Fédérale, qui assure le respect du pacte constitutif et de la liberté des citoyens.

Est-il besoin d'ajouter que nos représentants n'ont pas l'air de s'en douter et qu'ils trouvent plus **radical** de promettre la nomination des sénateurs au suffrage universel direct, ce qui entraînerait fatalement les inconvénients que le législateur redoutait.

Empressons-nous d'ajouter que la promesse n'avait d'autre but que de capter les faveurs de l'électeur égalitaire et qu'on s'est hâté de l'oublier dès qu'on a conquis un siège au Palais-Bourbon.

CONCLUSION

En publiant ce travail, nous avons voulu montrer à nos concitoyens les dangers de la situation présente, le péril financier surtout et leur indiquer sommairement quelques réformes pratiques dont l'application, en ce qui concerne la protection de l'agriculture et la gestion de nos deniers publics, nous paraît absolument urgente.

Nous avions adopté comme canevas de cette étude la circulaire de nos députés, par suite nous avons dû nécessairement restreindre notre cadre et laisser de côté un certain nombre de questions intéressant au même titre les classes laborieuses et l'avenir de la France.

La mission d'un gouvernement doit être tutélaire de tous les intérêts respectables ; la République, la chose de tous et non pas la chose de quelques-uns seulement. Des républicains, indignes de ce nom, apportant au pouvoir leurs idées de sectaires, ont divisé la France en deux camps ; d'un côté, ils ont rangé leurs partisans et de l'autre des adversaires, qu'ils eussent avec le temps et un peu de sagesse ralliés au nouvel ordre de choses. A ceux-là, toutes les places, les faveurs, l'argent du budget, qui est cependant l'argent de tous. On ne tient compte aux autres ni du talent ni de l'honorabilité du caractère, ni d'un passé irréprochable, et c'est à peine s'ils osent réclamer **le droit à la justice.**

Les protestations récentes du suffrage universel sont la condamnation solennelle de cette politique étroite, égoïste et malfaisante. Le peuple a déjà parlé! et bientôt, réuni dans ses comices, il exigera plus impérieusement encore de ses nouveaux mandataires **le gouvernement des honnêtes gens et des patriotes.**

Maurice DE CHANTEAU.

Peyrieu, le 20 février 1889.

Bourg, imp. Villefranche, place d'Armes, 8. — 215-9.

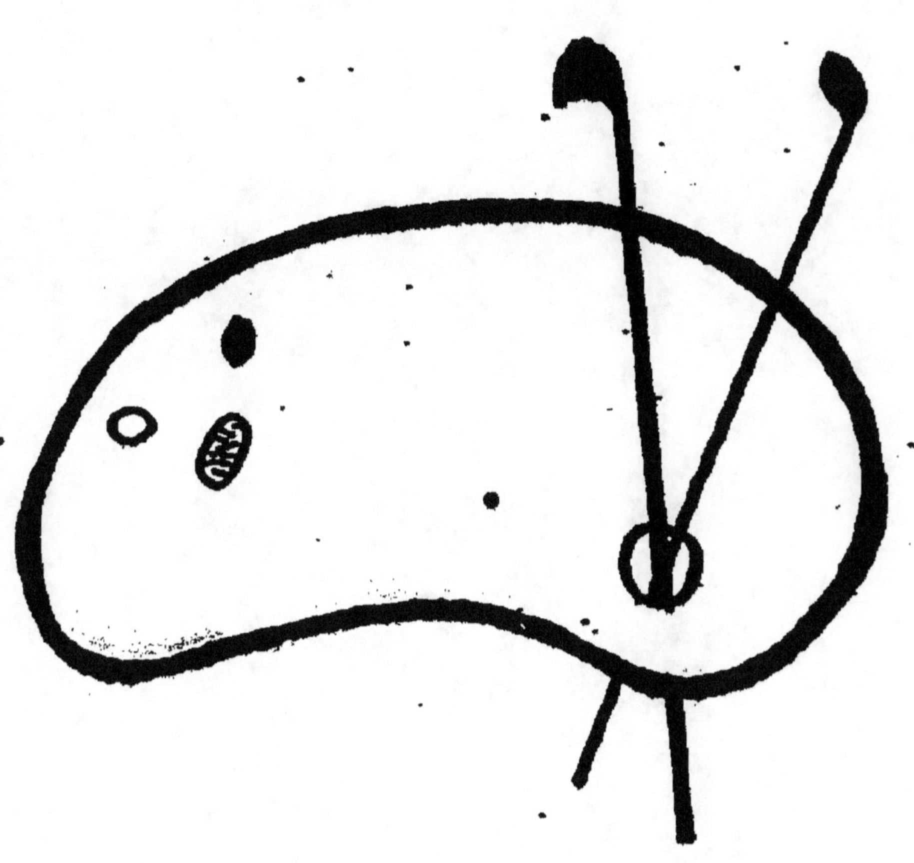

ORIGINAL EN COULEUR
N° Z 43-120-8